Alexandra Cordes-Guth

Gute Gedanken für den Tag – Band 4

Innere Kraft

Tagestexte für Oktober – Dezember

2. Auflage 2025

© 2021 Alexandra Cordes-Guth
https;//alexandracordes-guth.de
mail@alexandracordes-guth.de

Verlag: BoD · Books on Demand GmbH, Überseering 33,
22297 Hamburg, bod@bod.de
Druck: Libri Plureos GmbH, Friedensallee 273, 22763 Hamburg
ISBN: 978-3-7557-0060-9

Covergestaltung: Wolkenart – Marie-Katharina Becker
www.wolkenart.com
Autorenfoto: Lisa Berger

Dieses Buch ist auch als E-Book erhältlich.

Die Gedanken, mit denen wir morgens in den Tag gehen bestimmen darüber, welche Energie uns durch unser Leben begleitet. Das beweisen inzwischen auch die Forschungsergebnisse der Neurobiologie. Deshalb ist es wichtig, mit guten Gedanken in den Tag zu gehen, sie schon morgens ganz bewusst einzuladen und sich auf sie auszurichten.

Mit diesen Tagestexten kannst du deinen Gedanken jeden Morgen eine gute Richtung geben, dich selbst an die Hand nehmen und freundlich und wertschätzend begleiten.

Die Textimpulse sind wie kleine Coachingeinheiten, die zum Nachdenken und Reflektieren einladen. Und sie unterstützen dich dabei, neue Wege und Perspektiven auszuprobieren, die frischen Wind in dein Leben bringen.

Lade jeden Morgen gute Gedanken zu dir ein und du wirst schon bald erleben, wie sich die positive Energie ihren Weg in dein Leben bahnt. Es gibt für jedes Quartal im Jahr einen Band mit Tagestexten, die dich durch die Monate und Jahreszeiten begleiten.

Alexandra Cordes-Guth ist Coach, Therapeutin und Autorin. Sie unterstützt Menschen, die sich mit ihren eigenen Selbstzweifeln im Weg stehen dabei, ihre Stärken und Potenziale zu entdecken und ein gesundes und starkes Selbstbewusstsein zu entwickeln, damit sie ihre Herzensziele in die Welt bringen können. Und: Sie begleitet Menschen auf dem Weg zu einer wunderbaren Freundschaft mit sich selbst.

www.alexandracordes-guth.de

*Für Friederike und Martin.
Und für alle Menschen, die auf
ihrem Herzensweg sind.*

Oktober

1. <u>Oktober</u>

Immer wieder liegt es an uns, ob wir die lähmenden und blockierenden Gedanken freundlich weiterziehen lassen.

Und uns für die positiven Gedanken entscheiden und ihnen Raum geben.

Welchen Gedanken willst du loslassen und welchen in den heutigen Tag einladen?

2. <u>Oktober</u>

Das Glück einladen. Mit den Augen der Dankbarkeit auf dein Leben schauen.

Und spüren, wie dein Herz sich vor Freude weitet.

Welche Glücksmomente der letzten Tage kannst du dir selbst bewusst machen? Und dankbar auf dein Leben schauen?

3. <u>Oktober</u>

Wir wollen von Anderen gesehen werden.
Mit unseren Bedürfnissen und Wünschen.

Viele Menschen haben es aufgegeben, sich
damit zu zeigen und mitzuteilen. Sie sagen:
„Ich wurde zu oft nicht gehört und enttäuscht".

Je mehr Aufmerksamkeit wir selbst unseren
Bedürfnissen schenken und sie ernst nehmen, desto mehr werden wir sichtbar und
spürbar.

Dann werden auch andere Menschen deutlicher sehen können, was sie uns geben können.

4. <u>Oktober</u>

Jeder neue Tag bietet uns die Möglichkeit, uns selbst und Anderen in Achtsamkeit zu begegnen.

Unser Leben zu entschleunigen. Immer mehr bei uns selbst anzukommen.

Was kannst du heute tun, um diesen Tag ganz bewusst zu entschleunigen und achtsamer mit dir selbst und Anderen zu sein?

5. <u>Oktober</u>

Tag für Tag tragen wir dunkle Bilder der Zukunft in uns. Wir wollen uns damit vor Enttäuschung schützen. Und nehmen uns damit etwas von unserer Schöpferkraft.

Genauso haben wir die Fähigkeit, positive und beglückende Momente unserer Zukunft in uns entstehen zu lassen. Und können so positive Energien in uns freisetzen.

Welchen positiven Moment deiner Zukunft kannst du heute in dir entstehen lassen? Und deiner Schöpferkraft damit bewusst Raum geben?

6. <u>Oktober</u>

Wenn wir einen Fehler machen, haben wir
die Wahl. Wir können uns mit strenger
Stimme verurteilen und bewerten.

Oder mit mitfühlendem Blick und freundlichen Worten unterstützen. Damit wir aus
dem Fehler lernen und gestärkt weitergehen
können.

7. <u>Oktober</u>

Es gibt unglaubliche Glücksmomente im Leben. Die dürfen wir mit allen Sinnen genießen.

Damit sie wie warme und wohltuende Wellen durch unser Sein und unseren Körper strömen.

Und unsere Zweifel und Ängste in diesem Moment mit Zuversicht und Liebe einfach fortspülen.

Lade einen Glücksmoment aus deinem Leben in deine Gedanken ein, atme ihn ein und fühle ihn in deinem Körper. Wie geht es dir damit?

8. <u>Oktober</u>

Wir sind es gewohnt, dass der innere Kritiker
in unseren Gedanken das Zepter in der
Hand hält. Und er lässt sich nur ungern von
seinem Thron vertreiben.

Aber unserer persönlichen Entwicklung
dient es viel mehr, unsere fürsorglichen und
freundlichen Anteile in uns wachsen zu lassen.

Wie oft dürfen sich liebevolle und wertschät-
zende Gedanken tagsüber bei dir melden?
Wie kannst du sie in dir wachsen lassen?

9. <u>Oktober</u>

Wenn wir selbstbewusst sein möchten, müssen wir Pausen einlegen.

Pausen zwischen all dem, was zu tun ist, was unsere Aufmerksamkeit im Außen erfordert.

Und für einen Moment die Welt um uns herum anhalten.

Durchatmen, unsere Gedanken wahrnehmen, den Körper spüren und uns einen freundlichen Blick auf uns selbst schenken.

Wie viel Pausen wirst du heute machen und damit dein Selbstbewusstsein stärken?

10. <u>Oktober</u>

Wir selbst bestimmen mit unseren Gedanken, welche Qualität dieser Tag für uns hat.

Wir selbst bestimmen, wie wir die Zeichen
deuten, die auftauchen und uns den Weg
weisen.

Mir wird es immer wichtiger, diese zarten
und feinen Zeichen und Impulse wahrzunehmen. Den Verstand leiser werden zu lassen.

Die kleinen Zeichen berühren mein Herz. Sie
bringen mich auf eine Ebene, auf der es kein
falsch und richtig gibt.

Sondern nur Erfahrungen, die mich weiter-
bringen. Die alles in einen größeren Zusam-
menhang einbinden. Und das, was ist, sinn-
voll machen.

Welche Zeichen in deinem Leben sind für
dich wichtig? Wie nimmst du sie wahr? Und
was bewirken sie in deinem Leben?

11. <u>Oktober</u>

Hast du deinem inneren Kind heute schon die Hand gereicht und deine Herzenstür geöffnet?

Alle heftigen Emotionen, die wir im Alltag erleben, sind schmerzliche Reaktionen dieses Persönlichkeitsanteils.

Sie werden spürbar, wenn durch ein Ereignis im Außen alte Erinnerungen und Verletzungen aktiviert werden. Und: Sie können geheilt werden.

Schenk deinem inneren Kind dein Mitgefühl und deine Aufmerksamkeit. Dann kann die Heilung beginnen.

Und entdecke die wundervolle Kraft, die durch die Heilung unter den alten Schmerzen unaufhaltsam sichtbar und spürbar wird.

12. <u>Oktober</u>

Das Schwere im Leben kann leichter werden, wenn wir es von unseren Bewertungen befreien.

Und als Teil des menschlichen Daseins annehmen.

Welche Schwere in deinem Leben kannst du von deinen Bewertungen befreien, damit es leichter werden darf?

13. <u>Oktober</u>

Begegnungen mit uns selbst. Kostbare Momente, die immer mehr an Tiefe gewinnen, wenn wir uns auf sie einlassen. Sie bewusst genießen und gestalten.

Indem wir uns freundlich im Spiegel anlächeln, für eine Minute unseren Körper spüren oder auf das schauen, was uns heute schon gut gelungen ist.

Welche Begegnung mit dir selbst kannst du dir heute ganz bewusst schenken?

14. <u>Oktober</u>

Die Kritik anderer Menschen ist immer wieder eine Herausforderung.

Aber auch eine Möglichkeit, bei uns selbst zu bleiben und uns selbst von innen heraus Halt zu geben.

Kritik trifft uns dann, wenn sie einen wunden Punkt berührt, der noch nicht geheilt ist. Der noch unsere Aufmerksamkeit braucht.

Jede Kritik erinnert uns daran, dass wir uns selbst mit bedingungsloser Liebe begleiten und begegnen dürfen. Dass wir Fehler machen können. Und immer wieder zur Liebe zurückkehren dürfen.

Und oft ist die Kritik anderer Menschen ein Teil ihrer eigenen Verletzung. Den wir bei ihnen lassen dürfen.

15. <u>Oktober</u>

Immer wieder ist er da: Der Abschied.
Der Abschied von Menschen, von Dingen, von Lebensphasen. Von liebgewordenen Gewohnheiten, vertrauten Umgebungen.

Wir können versuchen, ihn zu ignorieren, ihm aus dem Weg zu gehen. Über ihn hinwegzugehen.

Aber neben dem Schmerz hält der Abschied auch eine Fülle an Erinnerungen bereit, die wir mitnehmen können, wie einen Schatz, der uns begleiten kann.

Bewusst Abschied nehmen schenkt uns immer wieder eine neue Tiefe in uns selbst, Verbundenheit mit dem, was war. Und lässt uns gestärkt weitergehen.

16. <u>Oktober</u>

In der Stille melden sich oft zuerst die kritischen und bewertenden Stimmen. Deshalb flüchten sich viele Menschen in ständige Ablenkung. Sie wollen diese inneren Stimmen übertönen.

Aber unter all den kritischen Stimmen ist auch eine weise und liebevolle. Die uns unterstützt und die Hand reicht, wenn wir Unterstützung brauchen.

Nimm dir Zeit und tauche ein in die Stille. Damit du dir selbst die Hand reichen kannst.

17. <u>Oktober</u>

Ab und zu tut es gut, ein bisschen Leicht-
Sinn in sein Leben einzuladen. Auch wenn
es um einen herum grau und trübe ist.

Innerlich ein paar bunte Luftballons in den
Himmel steigen zu lassen und die Schwere
der eigenen Gedanken mit einem Lächeln
anzuschauen.

Schenk dir heute leichtsinnige Gedanken.
Wage zu träumen. Glaube an Wunder.
Tu, was du liebst. Und bringe jemanden zum
Lachen.

18. <u>Oktober</u>

Wir sind viele. In uns leben immer ganz unterschiedliche Anteile unseres Selbst.

Wenn wir still werden, können wir sie hören. Im Kontakt mit ihnen sein.

Und erkennen, dass sie eine gute Absicht für uns haben. Auch wenn es manchmal so scheint, als würden sie uns Steine in den Weg legen.

In der liebevollen Zuwendung zu unseren inneren Anteilen beginnt wirkliche Selbstliebe.

Weil wir uns dann mit allem ins Herz schließen, was wir sind.

19. <u>Oktober</u>

Vieles wächst unmerklich in unser Leben hinein. Wie Gärtner dürfen wir unsere zarten inneren Pflänzchen pflegen, ihnen unsere Aufmerksamkeit, unser Wohlwollen schenken.

Und uns mit Liebe und Geduld von ihrem magischen Wachstum überraschen lassen.

20. <u>Oktober</u>

Menschen, die uns in Aufruhr bringen, innere Stürme auslösen: Sie erinnern uns an unsere Entwicklungsaufgabe.

Sie fordern uns heraus, zu wachsen. Damit wir die Weite in uns selbst erkennen.

21. <u>Oktober</u>

Das Leben schenkt uns immer wieder die Möglichkeit zum Neubeginn.

Wir dürfen alte und schmerzliche Erinnerungen hinter uns lassen.

Wir dürfen uns und Anderen vergeben.

Und die Stimme unseres Herzens immer wieder neu sprechen lassen. Damit die Liebe uns den Weg weist.

Wenn es eine Situation in deinem Leben gibt, die einen Neuanfang braucht, frage dich: Was würde die Liebe dazu sagen?

22. <u>Oktober</u>

Die Natur macht sich bereit für den Rückzug und die Stille.

Damit im nächsten Jahr auf wunderbare Weise wieder Wachstum geschehen kann.

In diesen stillen, dunklen Zeiten dürfen auch wir tiefer in uns eintauchen. Und durch Rückzug dem Wachstum Raum geben.

23. <u>Oktober</u>

Heute ist deine wichtigste Aufgabe, dein Herz zu behüten. Diese zarte, leise Stimme in dir nicht verstummen zu lassen.

Diese warme, liebevolle Energie nicht durch die Kälte des Lebens erfrieren zu lassen.

Was kannst du heute tun, damit dein Herz gut behütet bleibt und die Wärme in dir weiter fließen kann?

24. <u>Oktober</u>

Ziele zu haben, fordert uns heraus. Ziele zu haben, schenkt uns Energie.

Ziele zeigen uns neue Wege in unserem Leben. Ziele lassen uns über uns selbst hinauswachsen.

Auf dem Weg zu unseren Zielen werden wir immer mehr wir selbst.

Welches Ziel darf in deinen Gedanken, deinem Herzen und in deinem Leben wieder mehr Raum bekommen? Und dich herausfordern, mehr du selbst zu sein?

25. <u>Oktober</u>

Wenn wir etwas loslassen, kommt es in neuer Form zu uns zurück.

Das Leben will immer wieder losgelassen werden, damit es sich erneuern kann.

Wo kannst du heute etwas loslassen, damit es wieder neu zu dir kommen kann?

26. <u>Oktober</u>

Das Kind in uns fühlt sich oft einsam. Wenn unsere Gedanken in die Zukunft oder die Vergangenheit gehen. Und unser Herz sich der friedlichen Gegenwart verschließt.

Dann können wir ihm keinen Halt mehr geben.

Bleibe im Hier und Jetzt. Damit das Kind in dir Heimat hat.

27. <u>Oktober</u>

An manchen Tagen hat die Dunkelheit der Herbsttage etwas Tröstliches. Dann ist sie wie eine warme Decke, die sich über uns legt.

Sie nimmt uns an die Hand, alle Ablenkung fällt weg. Wir sind ganz bei uns. Und das Licht in uns wird immer heller und wärmer.

28. <u>Oktober</u>

Gefühle, die wir aussperren und ignorieren, lassen uns unlebendig und starr werden.

Gefühle wollen durch uns hindurchfließen, damit wir in Bewegung bleiben. Unsere Lebendigkeit spüren.

Welches Gefühl hat zu wenig Platz in deinem Leben? Wie kannst du ihm Raum geben?

29. <u>Oktober</u>

Was würde dir zuerst an dir auffallen, wenn du dir selbst das erste Mal begegnen könntest?

Was aus der Geschichte deines Lebens würde dich berühren und nachdenklich machen?

Was begeistern und staunen lassen?

Wofür würdest du dir Wertschätzung und Anerkennung geben, wenn du dir wie ein Fremder mit freundlichem Blick und offenem Herzen begegnen könntest?

30. <u>Oktober</u>

Der Verstand kann Pläne für dich machen.

Dein Herz weiß, wohin dein Weg dich führt, was dich wachsen lässt und was dich glücklich macht.

Lass heute dein Herz zu dir sprechen. Und erlaube dem Verstand, einfach mal in der Hängematte der inneren Gelassenheit auszuruhen.

31. <u>Oktober</u>

Nichts macht uns so reich wie die Menschen, die mit uns durchs Leben gehen.

Mit denen wir lachen, weinen, unsere Gefühle und Gedanken teilen.

Mach dir diesen Schatz in deinem Leben heute bewusst.

Und sage einem dieser Menschen, wie wichtig er für dich ist.

November

1. <u>November</u>

Manchmal verstecken wir unser Herz hinter einer Mauer. Aus Schweigen, Resignation, aufgesetzter Freundlichkeit und dem Anschein, alles allein zu schaffen.

Aber hinter der Herzmauer ist kein guter Platz, kein fruchtbarer Boden für deine Herzensenergie.

Scheinbar ist sie dort geschützt. In Wahrheit leben wir dort in Einsamkeit und Hoffnungslosigkeit.

Gib deinem Herz die Weite, die es heute braucht. Und atme dich durch deine Herzmauern in die Freiheit des Vertrauens und der Offenheit für das Leben.

2. <u>November</u>

Der Tod gehört zum Leben dazu. Aber er
wird ausgesperrt, verdrängt – und mit ihm
die Menschen, denen er begegnet ist.

Tod und Trauer brauchen Raum in unserem
Leben. Damit wir mit der Endlichkeit des Lebens Frieden schließen können.

Damit wir auch in dunklen Zeiten des Ab-
schieds mit anderen verbunden sein dürfen.

Und uns immer wieder bewusst wird, dass
jeder Tag ein Geschenk an uns ist.

3. <u>November</u>

Am schönsten sind die Wege, die uns immer wieder zu uns selbst führen.

Wir kommen auf ihnen weiter, wenn wir nicht krampfhaft an unseren Zielen und Vorstellungen festhalten. Und dabei gar nicht merken, dass sie nicht mehr zu uns passen.

Immer wieder sollten wir bereit sein, neue Bilder und Visionen in uns aufsteigen zu lassen. Um so wieder ganz neu bei uns selbst anzukommen.

Welche Ziele und Vorstellungen kannst du in diesem Jahr noch loslassen und so Raum für Neues schaffen?

4. <u>November</u>

Ein guter Gedanke, den wir in die Tat umsetzen, wird ein Same in unserem Leben, der
Frucht bringen kann.

Welchen Gedanken, welche Idee kannst du
heute in die Tat umsetzen und so einen
neuen Samen in deinem Leben säen?

5. <u>November</u>

Wenn andere Menschen uns bewerten und kritisieren, haben wir das Recht, es bei ihnen zu lassen.

Denn oft sehen sie in uns nur ein Abbild eines alten Schmerzes, gegen den sie selbst noch kämpfen.

6. <u>November</u>

Ein Moment der Stille ist wie ein Blick in einen Teich, dessen Oberfläche langsam zur
Ruhe kommt.

Stück für Stück erkennen wir immer mehr
von uns selbst. Und ahnen etwas von der
Tiefe, die sich darunter noch verbirgt.

7. <u>November</u>

Was könnte heute anders sein, wenn du gütig mit dir bist? Wenn du dir selbst Liebe, Freundlichkeit und Mitgefühl entgegenbringst?

Gerade dann, wenn du mit dir nicht zufrieden bist, das Gefühl hast, dass du nicht gut genug bist?

8. <u>November</u>

Wie viel Raum nimmt der Lärm des Alltags und der Lärm deiner Gedanken in deinem Leben ein?

Wir selbst entscheiden jeden Tag neu, ob wir ihn hinter uns lassen.

Und auf die leise Stimme unseres Herzens lauschen, die liebevoll darauf wartet, dass wir uns mit ihr verbinden.

9. <u>November</u>

Wenn es in deinem Leben auf und ab geht, dann tauche in dich ein.

In das innere Meer deiner Weisheit. Lass dich auf den Grund deines Seins sinken.

Und entdecke, dass es dort ruhig und sicher ist.

10. <u>November</u>

Wenn du in dir spürst, dass es wieder Zeit für einen Aufbruch wird, dann geh los.

Warte nicht darauf, dass es sich sicher anfühlt. Verbinde dich mit dem mutigen Teil in dir, der dich schon so oft begleitet hat. Und vertraue deinem Weg und dem Leben.

Lass los, was nicht mehr zu dir passt. Lass gehen, was sich nicht mehr stimmig anfühlt.

Und gehe dem Neuen entgegen, das zu dir kommen will.

11. <u>November</u>

Viele Menschen denken, dass nur in ihnen
ein Schatten lebt. Der immer wieder das
Licht in ihnen verdunkelt.

Der negative Gedanken, Eifersucht, Neid
und Zorn wie bitteres Gift verteilt.

Aber der Schatten wohnt in uns allen. Er ver-
liert seine Macht, wenn wir erkennen, dass
jeder ihn in sich hat.

Und dass er uns in diesem neuen Bewusst-
sein sogar eine tiefe Verbindung zu anderen
Menschen schenkt. Weil wir damit nicht al-
leine sind.

12. <u>November</u>

Wenn du einen Fehler machst: Kannst du darüber lachen und dich selbst als den wundervollen Menschen im Blick behalten, der du bist?

Oder verurteilst du dich dafür und machst dich klein?

Über seine eigenen Fehler liebevoll lachen können – das bringt uns näher zu uns selbst. Und schenkt uns mehr kraftvolles Wachstum, als jede Kritik es kann.

Welchen Fehler solltest du dir selbst verzeihen und ihn mit einem Lächeln gehen lassen?

13. <u>November</u>

Der Boden, auf dem Liebe, Vertrauen und Mitgefühl wachsen, ist die Dankbarkeit.

Wenn wir unsere Aufmerksamkeit auf das richten, was uns erfüllt und dankbar macht, geschieht eine innere Verwandlung.

Das Dunkle wird hell. Und unser Blick auf die Möglichkeiten, die in uns liegen, wird weit und klar.

Wofür bist du heute dankbar? Was geschieht, wenn du der Dankbarkeit Raum gibst und dich mit dieser Kraft verbindest?

14. <u>November</u>

Jedes Gefühl ist eine Botschaft deiner Seele. Deshalb ist es so wichtig, dass du dir erlaubst, deine Gefühle fließen zu lassen.

Das kannst du tun, indem du dich mit deinem Atem verbindest und einfach wahrnimmst, was in deinem Körper geschieht.

Dann fühlst du dich selbst. Und kannst immer mehr anerkennen, dass jedes Gefühl wichtig und wertvoll ist.

Weil es Teil von dir und deinem Leben ist. Jedes empfundene Gefühl macht dich vollständiger und stärker.

15. <u>November</u>

Was macht dir Freude, was bringt dich zum Lachen und schenkt dir Glück und Leichtigkeit?

Eine unserer wichtigsten Aufgaben im Leben ist es, uns selbst Freude zu schenken. Uns selbst glücklich zu machen.

Schenk dir heute einen Glücksmoment und tue etwas, was dir Freude macht.

Und spüre, wie das Kind in dir dadurch Raum bekommt und sich mit dir verbunden fühlt.

16. <u>November</u>

Die guten Dinge in deinem Leben sind schon auf dem Weg zu dir.

Du wirst sie von dir fernhalten, wenn du ungeduldig bist und darüber nachdenkst, warum du sie nicht verdient hast.

Und du wirst ihnen den Weg ebnen, indem du sie mit Geduld zu dir kommen lässt und das Gute einfach geschehen darf.

17. <u>November</u>

Das Ungelöste im eigenen Herzen tut manchmal weh. Fühlt sich an wie ein Knoten, der sich immer fester zusammenzieht.

Es sind Fragen, auf die wir keine Antworten finden können. Schmerzen, die immer wieder auftauchen. Ängste, die uns den Weg versperren.

Je mehr wir sie bekämpfen und auflösen wollen, desto enger fühlt es sich für uns an.

Der erste Schritt besteht darin, das Ungelöste in uns zu lieben und zu leben.

Dann bekommt die Lösung Raum. Und erlöst uns von dem, was nicht mehr zu uns gehört.

Welche ungelöste Frage könntest du für heute loslassen und dich selbst damit ein Stück erlösen?

18. November

Wenn wir Dinge ändern wollen, müssen wir Neues ausprobieren, uns auf Experimente einlassen.

Das ist manchmal wie der Weg über ein schwankendes Drahtseil, auf dem es kaum Halt gibt.

Aber ein Teil in uns weiß immer, dass wir die Kraft und Fähigkeit haben, diesen Weg zu gehen. Einen Schritt nach dem anderen zu machen.

Und mit jedem Schritt erkennen wir, dass das Neue unsere Welt größer werden lässt. Und wir eine Weite spüren, die im Gewohnten keinen Raum bekommt.

Was könntest du Neues ausprobieren, welches Experiment wagen, damit dein Leben weiter wird?

19. <u>November</u>

Wenn wir dem Kind in uns einen Ort der Geborgenheit und des Wachstums schenken wollen, brauchen wir Menschen, die uns dabei begleiten.

Die uns wertschätzend und wohlwollend begegnen. Mit uns lachen und weinen.

Menschen, die davon erzählen, was sie bewegt. Und die hören wollen, was uns bewegt.

Welche Menschen in deinem Leben tun dir gut, lassen dich durchatmen und berühren dein Herz? Wann nimmst du dir wieder Zeit für sie und für dich?

20. <u>November</u>

Das Leben und wir selbst sind ständig im Wandel. So wie eine Pflanze immer im Wachstum ist.

Auch jetzt bereitet sich alles in der Natur schon wieder auf sein Wachstum vor. Sammelt Kraft und Energie für das, was im nächsten Jahr sichtbar wird.

Wir können uns mit unserem inneren Wachstum verbinden, indem wir innehalten und uns Fragen stellen, die wie ein Dünger sind:

Wer bin ich?
Was will ich?
Wo bin ich in meinem Element?

Gib diesen Wachstumsfragen Raum. Schreibe deine Gedanken dazu auf. Und lass dich überraschen, was in dir auftaucht und neue Kräfte freisetzt.

21. <u>November</u>

Hast du auch manchmal Selbstzweifel? Fragst du dich, ob du alles richtig gemacht hast, ob du gut genug bist? Ob andere Menschen dich wirklich schätzen oder heimlich den Kopf über dich schütteln?

Selbstzweifel rauben Kraft, machen uns klein und sorgen dafür, dass wir unter unseren Möglichkeiten bleiben.

Aus ihnen spricht unser innerer Kritiker, der uns bewertet und ermahnt. Die strenge Stimme in uns, die uns traurig und ängstlich werden lässt.

Du kannst diesen Selbstzweifeln die Kraft nehmen, dafür sorgen, dass sie sich in Rauch auflösen.

Indem du dir selbst Wertschätzung und Fürsorge, Mitgefühl und Freundlichkeit schenkst.

22. <u>November</u>

Du darfst heute mit dem Guten rechnen!
Was löst dieser Gedanke in dir aus?

Unser Gehirn ist von Natur aus darauf aus-
gerichtet, nach Problemen zu suchen,
Schwierigkeiten zu entdecken. So will es uns
helfen, zu überleben.

Mit der Kraft unserer Gedanken können wir
unsere Aufmerksamkeit aber immer mehr
auf das Positive und Gute in unser Leben
richten. Und uns so selbst stärken und ermu-
tigen.

Erlaube dir heute, mit dem Guten zu rechnen. Und all das wahrzunehmen, was sich
dir schenken möchte.

23. <u>November</u>

Was kann dich heute dabei unterstützen, vom Kopf in dein Herz zu kommen?

Und so deiner inneren Weisheit die Tür zu öffnen, damit sie dich liebevoll begleiten kann?

24. <u>November</u>

Menschen brauchen Unterstützung, Beglei-
tung und Resonanz.

Es gibt Fragen, auf die wir allein keine Ant-
wort finden. Und Sorgen, die ohne Austausch immer größer und schwerer werden.

Wie oft nimmst du dir Zeit für Austausch und
Unterstützung? Wo würdest du sie dir im
Moment wünschen und wo könntest du sie
bekommen?

25. <u>November</u>

Du bist genug!

So wie du jetzt gerade bist, bist du genau richtig. Alles darf so sein, wie es gerade ist.

Wie fühlt es sich an, wenn du diesen Gedanken zulässt, ihm Glauben schenkst, ihn in dein Herz fallen lässt?

26. <u>November</u>

Wir können das Gute nur empfangen, wenn wir lernen, uns unserer Selbst bewusst zu sein.

So lange wir unbewusst leben, müssen wir festhalten und kontrollieren.

Und wir haben die Hände nicht frei für das Wundervolle, was zum Greifen nah ist.

Frage dich regelmäßig, was dich gerade beschäftigt, was dich antreibt, wie du die Welt siehst. Und werde dir deiner Selbst bewusst.

Damit du immer mehr mit dir in Verbindung bist. Und mit offenen Händen empfängst, was dich stärkt und wachsen lässt.

27. <u>November</u>

Stell dir vor, dein Leben wäre wie ein Zug, in den Menschen einsteigen und auch wieder aussteigen.

Viele fahren ein Stück mit dir, mit manchen lachst du, mit anderen führst du berührende Gespräche. Und mit einigen bist du vom Anfang bis zum Ende unterwegs.

Welche Menschen sind in diesem Jahr bei dir eingestiegen und haben dich neu begleitet?

Welche Menschen sind nicht mehr dabei? Wofür bist du ihnen dankbar, welche Erinnerungen wirst du in deinem Herzen bewahren?

28. <u>November</u>

Viele Menschen haben in Bezug auf ihr Selbst die Vorstellung mathematischer Perfektion entwickelt.

Von einer perfekten Lösung von sich selbst. Ohne Ecken und Kanten.

Alle Gefühle, jedes Verhalten, jeder Gedanke sollte möglichst perfekt sein.

Damit entfernen sie sich immer weiter von sich selbst.

Wenn wir uns erlauben, mit Liebe und Gelassenheit das Unperfekte willkommen zu heißen – dann sind wir ganz.

Wo kannst du dir heute erlauben, weniger perfekt zu sein?

29. <u>November</u>

Anderen Menschen machst du das größte Geschenk, wenn du du selbst bist.

Wenn du ausstrahlst, was in deinem Inneren nach außen will. Ohne dich zu fragen, ob es das Richtige ist.

Was kann heute geschehen, wenn du diesen Gedanken in dir groß und größer werden lässt?

30. <u>November</u>

Eintauchen in die Stille. Und ihre unterschiedlichen Wege zu uns erkennen.

Manchmal kann sie sich anfühlen, als ob du in den Tiefen des Meeres bist. In denen alles zur Ruhe kommt.

Stille kann auch heißen, dass im Außen alles zum Stillstand kommt. Und in deinem Inneren die leise Stimme der Intuition zu dir in Bildern oder Worten spricht.

Es gibt auch eine Stille im lauten Getöse des Alltags. Die sich wie von selbst in dir meldet. Und dich einlädt, alles an dir vorüberziehen zu lassen. Ganz bei dir zu sein. Die Welt einfach anzuhalten.

Entdecke die vielen Möglichkeiten der Stille. Und lass dich einfach von ihr an die Hand nehmen.

Dezember

1. <u>Dezember</u>

Advent heißt Ankunft. Und wir dürfen in dieser Zeit auf vielen Wegen bei uns selbst ankommen.

Egal woher wir gerade kommen, wo wir gerade sind.

Immer wieder bei sich anzukommen. Mit allem, was da ist. Sich selbst an die Hand nehmen. In bedingungsloser Liebe. Das lässt uns wirklich ankommen bei uns selbst.

2. <u>Dezember</u>

Es ist wichtig, gut auf uns selbst zu achten, uns selbst nicht zu vergessen.

Gerade in Zeiten, in denen viel zu tun ist, sollten wir auch uns selbst liebevolle Aufmerksamkeit schenken.

Was hast du in diesem Jahr gemacht, um deinem Körper und deiner Seele Gutes zu tun? Was kannst du dir diesen Monat noch Gutes tun?

3. <u>Dezember</u>

Zeit für dich allein. Raus aus der Geschäftigkeit des Alltags.

Durchatmen und bei dir selbst ankommen.

Lass nicht zu, dass das Leben dich lebt. Dass deine Verpflichtungen über dich bestimmen.

Halte die Welt für einen Moment an. Und nimm wahr, welche Gedanken und Gefühle in dir auftauchen.

Verbinde dich mit dir selbst und nimm dich an die Hand.

4. <u>Dezember</u>

Es ist gut, darauf zu vertrauen, dass das Leben die richtigen Erfahrungen und Einsichten dann schickt, wenn die Zeit reif ist.

Alles braucht seine Zeit. Und die Bewegungen der Seele haben ihren eigenen Rhythmus.

Alles Wissen und alle Erfahrung für unser Wachstum kommen dann zu uns, wenn wir dafür bereit sind.

Vertraue auf deinen Weg. Vertraue auf die Weisheit deiner Seele. Und spüre das Wachstum in dir.

5. <u>Dezember</u>

Glücklich sein. Für diesen Moment. Denn Glück gibt es nicht für immer.

Glück ist ein Teil des Lebens. So wie das Unglück und die Traurigkeit.

Wir können auch in der Dunkelheit einen Funken Licht erkennen. Und für einen Moment glücklich sein.

Was macht dich gerade glücklich? Welchen Funken Licht kannst du heute über deinem Leben leuchten lassen?

6. <u>Dezember</u>

Wenn wir etwas tun, in das wir ganz versinken, dann sind wir verbunden mit unserem inneren Kind.

Deshalb ist es so wichtig, in sich hineinzuhören und nach Dingen Ausschau zu halten, die uns erfüllen und Leichtigkeit schenken.

Dann können wir die äußere Welt hinter uns lassen und eintauchen in kindliche, glückliche Freude.

Welche Dinge könnten das für dich sein?

7. <u>Dezember</u>

Das Leben schickt uns seine Botschaften auf vielen Wegen.

Mit dem leisen Lachen des Kindes an der Hand seiner Mutter,

Mit dem Schnee, der sanft und hell die dunkle Erde bedeckt.

Mit dem Stern, der am Nachthimmel schimmert.

Öffne deine Augen, deine Ohren und dein Herz. Und lass dich überraschen, welche Zeichen du heute empfangen darfst.

8. <u>Dezember</u>

Selbstzweifel lassen uns oft an uns selbst verzweifeln. Sie machen uns klein, wir fühlen uns wertlos und einsam. Sie helfen uns nicht dabei, zu wachsen und unser Licht leuchten zu lassen.

Wenn wir ihnen Raum geben, begrenzen sie uns und nehmen unseren Gaben und Träumen ihre Kraft.

Schenk dir stattdessen Selbstmitgefühl und Selbstliebe. Nimm wahr, wie dein Herz warm und weit wird. Und dein Selbstvertrauen sich in dir ausdehnt.

Welche Selbstzweifel tauchen in deinem Leben immer wieder auf? Woran hindern sie dich, wovor wollen sie dich schützen? Was könntest du tun, wenn sie sich im Licht des Mitgefühls auflösen würden?

9. <u>Dezember</u>

Unsere Beziehungen sind ein wichtiger Spiegel für uns selbst.

Welche fünf Menschen in deinem Leben stehen dir nahe, berühren dein Herz und dein Sein?

Womit inspirieren sie dich, was schätzt du an ihnen, was verbindet euch?

10. <u>Dezember</u>

Die Wissenschaft geht davon aus, dass 96 Prozent unseres Selbst unter der Oberfläche unseres Bewusstseins verborgen sind.

Deshalb ist unser Leben eine Entdeckungsreise zu uns selbst. Die Möglichkeit, einen großen Ozean unserer Potentiale und Fähigkeiten zu entdecken.

Welche deiner Anteile und Fähigkeiten sind dir dieses Jahr bewusst geworden? Was kannst du tun, damit immer mehr deines Selbst aus dem Meer des Unbewussten auftaucht?

11. <u>Dezember</u>

Deine Gedanken können wie eine warme Wolldecke sein. Sie können dich einhüllen und dir Geborgenheit schenken.

Lade heute ganz viele Wolldeckengedanken zu dir ein:

Schön, dass es mich gibt.
Ich darf dem Leben vertrauen.
Mein Herz kennt den richtigen Weg für mich.

Welcher Wolldeckengedanke darf dich heute noch begleiten?

12. <u>Dezember</u>

Inneres Wachstum geschieht auf magische
Weise und ist nicht immer sichtbar.

Aber wir dürfen darauf vertrauen, dass wir in
Verbindung mit unserer Herzensstimme auf
die Weise wachsen, die für uns richtig ist.

Und können sicher sein, dass eines Tages
aus diesen tiefen Wurzeln des Vertrauens
viele Früchte in die Welt wachsen werden.

13. <u>Dezember</u>

Zu viel zu tun, zu viele Aufgaben, zu wenig Zeit. Gerade in der Weihnachtszeit bleibt die Be-Sinn-ung oft auf der Strecke.

Dann lohnt es sich zu fragen: Was ist mir wirklich wichtig? Und was ist eigentlich un-wichtig und nur Gewohnheit oder Pflichter-füllung?

Erlaube dir selbst, Gestalter deines Lebens zu sein und Prioritäten zu setzen. Schenk dir Zeit für dich selbst, Zeit zum Innehalten.

Damit du dich selbst und dein Leben würdi-gen kannst.

14. <u>Dezember</u>

Mit unseren Gedanken legen wir jeden Tag die Samen für die Energie, die uns heute begleiten wird.

Wir sollten sie nicht achtlos und unbewusst an uns vorüberziehen lassen. Sondern sie achtsam wahrnehmen und die auswählen, die uns heute guttun.

Welche Gedanken bestimmen gerade dein Leben und dein Sein? Welche Energie möchtest du heute durch sie in deinen Tag einladen?

15. <u>Dezember</u>

Unsere Wege müssen nicht immer zum Ziel führen. Es wird immer welche geben, die leicht und einfach sind, auf denen uns jeder Schritt klar ist.

Aber es werden auch viele sein, auf denen es sich mühsam anfühlt und uns die Kraft ausgeht. Wege, auf denen die Hoffnung und Zuversicht, die uns am Anfang begleitet haben, sich in Luft auflösen. Und stattdessen Ängste und Zweifel bleiben.

Im Rückblick erkennen wir oft, dass wir auf genau diesen Wegen am meisten über uns selbst gelernt und erkannt haben.

Auf welchen Umwegen, Irrwegen und Sackgassen bist du in diesem Jahr unterwegs gewesen? Was hast du dabei über dich selbst gelernt?

16. <u>Dezember</u>

Alles, was wir wahrnehmen, hat in unserer Seele einen Spiegel. Es spiegelt wider, wie wir die Welt sehen.

Wir können entscheiden, ob wir das Wunder der Schneeflocke vor uns sehen wollen, ihre einzigartigen, feinen Kristalle, ihr sanftes Schweben, das zarte Weiß.

Oder ob sie uns an die Kälte des Winters, den Matsch auf der Straße und die Sehnsucht nach dem Sommer denken lässt.

Wenn wir die Dinge um uns mit Liebe betrachten, erkennen wir ihren Zauber und ihre Vollkommenheit.

Und werden selbst auf dem Grund unserer Seele verbunden mit dem Wunder in uns.

17. <u>Dezember</u>

Es gibt Kräfte in uns, die das Zerbrochene wieder heilen können. Die die dunkle Hoffnungslosigkeit verwandeln in Lichtstreifen am Horizont – als Zeichen des Vertrauens.

In der Dunkelheit wird das Licht immer heller. In der Kälte schenkt es uns seine Wärme.

Lass alles Zerbrochene und Hoffnungslose in dir aus der Dunkelheit ins Licht auftauchen.

Und vertraue dich diesen Kräften in dir wieder an. Wie ein Schiff im Sturm, das den Leuchtturm in der Ferne sehen kann.

Wie oft in deinem Leben ist das Zerbrochene wieder geheilt? Und welche Lichtstreifen haben dir in diesem Jahr wieder Hoffnung geschenkt?

18. <u>Dezember</u>

Es gibt wundervolle, stärkende Worte. Durch die unsere innere Kraft ins Fließen kommt. Unser Herz weit und unser Körper leicht wird.

Lade diese Worte in dein Denken und Fühlen ein. Erinnere dich so oft wie möglich an sie. Atme sie in Gedanken ein und aus.

Wähle heute zwei für dich aus. Damit sie dich durch diesen Tag begleiten:

Hoffnung
Vertrauen
Dankbarkeit
Glückseligkeit
Gnade
Geduld
Geborgenheit
Freude
Geliebt sein
Zartheit

19. <u>Dezember</u>

Unser Leben ist ein Meer an Möglichkeiten.
Und es tut gut, seine Wünsche und Träume
immer wieder wie kostbare Schätze aus der
Tiefe zu bergen. Sie nicht unter den vielen
Aufgaben des Lebens zu vergessen.

Wir dürfen sie ans Licht holen, nachspüren,
welchen Glanz sie in unser Leben und in unsere Augen bringen.

Und dafür sorgen, dass sie in Erfüllung gehen.

Welche Träume und Wünsche wohnen noch
in deinem Herz und deiner Seele? Was
kannst du tun, damit sie in deinem Leben
Wirklichkeit werden?

20. <u>Dezember</u>

Wie Akrobaten auf einem Hochseil versuchen wir, in unserem Alltag die Balance zu halten.

Die Balance zwischen unserem Bedürfnis nach Ruhe und den vielen Aufgaben, die zu tun sind.

Immer wieder müssen wir darauf achten, im Gleichgewicht zu bleiben, uns wieder in unsere Mitte auszurichten. Das, was trägt, unter uns zu spüren.

Was hilft dir, heute deine Balance zu halten und das zu spüren, was dich trägt?

21. <u>Dezember</u>

Unter allen Gedanken der Sorge, der Angst, des Ärgers, der Trauer, des Schmerzes wartet immer die Kraft der Liebe auf uns.

Sie heilt, hilft uns loszulassen. Und lässt immer wieder Wunder in unserem Leben geschehen.

Welche Wunder hat sie dieses Jahr in deinem Leben geschehen lassen? Wo hast du Heilung erlebt und was hast du losgelassen?

22. Dezember

Richte dich aus auf das, was kommt.
Erlaube dir, zur Ruhe zu kommen.
Wenigstens für einen Moment.

Das Licht vor dir leuchtet schon. Das Licht
der Weihnacht, der Hoffnung und der Liebe.

Finde den Weg in dein Inneres. Atme dich zu
dir selbst hin. Schenk dir eine Umarmung
aus dir selbst heraus.

Verneige dich vor dem Licht in dir. Erinnere
dich daran, dass es immer da ist. Auch in
dunklen und schweren Zeiten.

So wird sich dein inneres Licht mit dem
kommenden Licht verbinden. Und zu einem
Leuchten in der Welt werden.

23. <u>Dezember</u>

Vertraue und verliere dich. In dir selbst. In
deinen Höhen und Tiefen.

Verliere dich, um dich immer wieder neu finden zu dürfen.

Lass dich von dir selbst überraschen. Indem
du allen Gedanken und Gefühlen erlaubst,
da zu sein.

Und wenn du dich heute an die Hand
nimmst, schau mit den Augen des Kindes in
dir auf die Welt. Damit das Staunen über
dich und das Leben nie aufhört.

24. <u>Dezember</u>

Verneige dich vor dem Licht in dir. Das immer leuchtet.

Wärme dich an dir selbst und schenke dir einen liebevollen Blick auf dich.

Und werde heute zum Träger des Lichtes in dieser Welt.

Reiche es in deinen Blicken und mit deinem Herzen an andere weiter.

Damit das Licht in dieser Welt immer heller und die Dunkelheiten immer weniger werden dürfen.

25. <u>Dezember</u>

Bald liegt dieses Jahr hinter dir. Ein Jahr mit Herausforderungen, Möglichkeit zum Wachstum, Begegnungen und vielen kleinen und großen Glücksmomenten.

Lass dieses Jahr noch einmal durch dein Herz und deine Seele ziehen. Atme es in dich ein und verbinde dich mit ihm.

Welche Erfahrungen waren für dich besonders wertvoll?

Wo warst du enttäuscht – und hast dadurch etwas Neues über dich und das Leben gelernt?

26. <u>Dezember</u>

Eigene Grenzen sind wichtig, um in unserer Kraft zu bleiben.

Dazu müssen wir diese Grenzen in uns erst einmal spüren. Uns die Erlaubnis geben, sie zu erkennen und ernst zu nehmen.

Unsere Grenzen schützen uns. Sie sorgen für Klarheit. Wir selbst sind dafür verantwortlich, dass sie von Anderen nicht übertreten werden.

Indem wir klar und deutlich machen, wo sie überschritten werden.

Durch diese Grenzen werden wir spürbar und sichtbar. Wir bekommen ein eigenes Profil. Manchen wird das gefallen. Anderen nicht.

Wie gut kannst du deine Grenzen wahrnehmen? Wo darfst du sie deutlicher machen und sorgst so besser für dich selbst?

27. <u>Dezember</u>

Viele Sorgen, die wir uns machen, lösen sich im Rückblick in Luft auf.

Je mehr wir erkennen, dass es das Leben gut mit uns meint, desto mehr innere Kraft beginnt in uns zu fließen.

Welche Sorgen und Ängste haben sich in diesem Jahr als unbegründet herausgestellt? Was hat sich zum Positiven gewendet?

28. <u>Dezember</u>

Am Ende zählt das, was für dich wichtig war. Das, was dein Herz berührt hat.

Am Ende zählt das, was echt und wahrhaftig war. Wo alle Ausreden und Verstecke weggefallen sind.

Am Ende zählt das, was dir Freude und Leichtigkeit geschenkt hat. Und wodurch die dunklen Tage heller wurden.

Am Ende zählt das, was dich hat wachsen lassen. Auch wenn es schmerzhaft war.

Am Ende zählt, dass du da bist.

29. <u>Dezember</u>

Schaue freundlich und liebevoll auf das zurück, was war.

Lade noch einmal die vielen Momente der Dankbarkeit, des Glücks und der Zufriedenheit aus diesem Jahr zu dir ein.

Und auch das, was schmerzlich war. Was dich auf dich selbst zurückgeworfen und Verletzung und Enttäuschung in dir verursacht hat.

Und erkenne: All das bist du. All das macht dich einzigartig.

Nimm das mit, was dich stärkt. Und lass gehen, was dich schwächt. Damit das Neue Raum bekommt und sich in dir entfalten kann.

30. <u>Dezember</u>

Wenn wir erkennen wollen, wohin unser
Weg gehen soll, ist es gut, alles Wissen loszulassen.

Unserer eigenen Weisheit des Herzens
Raum zu geben.

Und immer mehr dem zu vertrauen, was unserem einzigartigen Weg entspricht.

Wo bist du dieses Jahr deinen Weg im Vertrauen auf deine eigene Weisheit des Herzens gegangen? Welche Erkenntnisse hast
du dadurch gewonnen?

31. <u>Dezember</u>

Immer wieder stehen wir an der Schwelle zu etwas Neuem. Erleben, dass Abschied und Neubeginn untrennbar zusammengehören.

Nimm heute bewusst Abschied von allem, was war. Ein Gewebe von Erfahrungen, Gefühlen und Begegnungen, die dir Wachstum geschenkt haben. Ein einzigartiges Muster im Teppich deines Lebens.

Und öffne dein Herz für das, was zu dir kommen möchte. Schick deine Wünsche in die Welt, lass sie vertrauensvoll davonfliegen. Und lass dich überraschen, wie sie sich verwirklichen.

Segne, was war und was kommen wird. Schau freundlich auf dich und erkenne: Du bist ein einzigartiges Wunder in dieser Welt.

Schön, dass es dich gibt.

Ich wünsche dir, dass jeder Tag in diesem
Jahr dich näher zu dir selbst führt.

Und zu einer wunderbaren Freundschaft mit
dir selbst.

Meinen Blog, Bücher und Online-Kurse findest du auf:
www.alexandracordes-guth.de

Wenn du dir weitere Gute Gedanken für jeden Tag wünschst: Es gibt die Tagestexte
auch für die anderen Monate des Jahres.

Band 1 – Januar bis März - Innehalten

Band 2 – April bis Juni - Aufblühen

Band 3 – Juli bis September – In Fülle leben

Band 4 – Oktober bis Dezember – Innere Kraft

Zu vielen Tagestexten gibt es auch Videos
auf meinem You Tube Kanal unter Alexandra
Cordes-Guth – Gute Gedanken für den Tag.

Und wenn du mehr von mir lesen möchtest:

Dieses Buch hilft dir, eine liebevolle Freundschaft mit dir selbst zu beginnen und echte **Selbstliebe** zu entwickeln. Die **Glückskind-Strategie** zeigt dir, wie du deine Selbstzweifel überwindest, deinen inneren Kritiker leiser werden lässt und dein volles Potenzial entfaltest.

https://alexandracordes-guth.de/buch-die-glueckskindstrategie/